Un souvenir de toi

Un souvenir de toi

Safia El Khalllouki

En application de l'art. L.137-2.-I. du code de la propriété intellectuelle, toute reproduction et/ou divulgation de parties de l'oeuvre dépassant le volume prévu par la loi est expressément interdite.

© Pierre Martin, 2025

Relecture : Safia El Khallouki
Correction : Safia El Khallouki

Édition : BoD · Books on Demand, 31 avenue Saint-Rémy, 57600 Forbach, bod@bod.fr
Impression : Libri Plureos GmbH, Friedensallee 273, 22763 Hamburg (Allemagne)

ISBN : 978-2-3225-5730-1
Dépôt légal : Janvier 2025

Fleurs séchées, comme un souvenir gardé dans un livre, un souvenir de toi.

Introduction au souvenir

La poésie est un refuge, un souffle, un espace où les émotions trouvent leur écho. Dans ce recueil, chaque poème est une éclatante étincelle de vie, mais pas uniquement tirée de mes propres expériences. Ils naissent de ce que j'observe, de ce qui m'entoure, et de ces instants qui capturent l'essence même de l'être humain.

L'idée d'assembler ces textes a germé au fil des jours, comme un besoin de donner voix à ces fragments d'inspirations, ces émotions entrevues dans le regard d'autrui ou dans les méandres de la nature. Ces mots, parfois simples, parfois complexes, forment un miroir de ce que nous sommes tous : humains, imparfaits, mais surtout vivants. Chaque vers est une invitation à ressentir, à se rappeler, à rêver.

Laissez-vous porter par ces images, ces sensations, et trouvez-y, peut-être, un reflet de vos propres histoires. Ce recueil est pour vous, lecteurs et lectrices, une fenêtre ouverte sur mon univers.

Fleurs séchées
Témoins d'un hier suspendu
Endormies entre les pages d'un livre
Déposé sur une étagère d'ombres

Un souvenir gardé
Fragile comme un murmure
Qui respire encore l'éclat d'un instant
Où le temps semblait figé

C'était toi
C'était nous
Un amour délicat
Comme la soie des pétales

À présent oublié
Éparpillé par le vent
Dans un jardin de souvenirs flous
Où chaque fleur porte un fragment
De ce que nous étions

De simples pétales
Pâles témoins d'une histoire passée
Égarés dans la brume
D'un jardin où l'oubli s'épanouit

Mais peut-être
Entre les roses et les lys
Nos âmes se souviennent
Un instant
D'un parfum perdu

Je suis pleine de mélancolie
De nostalgie
Comme si au fond de moi je l'avais vécu
Comme si une part de moi avait déjà aimé
Et pourtant dans cette mélancolie
Dans ces quelques larmes écoulées
Je n'ai pas envie d'aimer
J'aimerais que ça reste effacé
Pour pouvoir me remémorer un jour
Qu'une part de moi
Avait probablement déjà aimé
Dans ce monde d'amants
Égarés

Ce soir j'avais les yeux plongés dans la lune
Et peut-être même les étoiles
Peut-être que j'étais folle
Et que j'imaginais ton visage dans leurs reflets
Les constellations te représentaient

Une larme qui coule
Puis deux
On ne s'arrête plus
Car tu n'es qu'un souvenir
Dans ce cœur égaré
Qu'une image
Quand je me pose
Seule

Pour te sentir
A nouveau
Pour rêver
De ce qu'on était

Une part de moi brisée
Devant ce miroir mon entièreté
Un fragment de moi
Ou bien plusieurs
Pour s'emboiter à ton cœur
Ton âme
Elle aussi brisée
Pour enfin pouvoir ressentir
Un cœur
Une âme
Une flamme
Cette chaleur tant désirée
Qui éclaire nos ombres
Et guérit ces éclats éparpillés

Une nuit à te pleurer
Une vie à m'enfermer
Le soleil n'est plus en moi
Tout comme toi

Parti le temps d'une nuit
Le temps d'une vie
Quand le coup de minuit s'efface
Je sors la tête hors des ténèbres
Pour chercher ton âme
A travers le vent
Pour capturer ton odeur
Un semblant de tes lèvres

Les étoiles murmurent ton prénom
Et le soleil l'efface
La lune me nargue à travers sa lumière
Créant une image de toi dans la pénombre
Un fragment de toi
C'est tout ce qu'il me reste
Pour qu'au cœur de l'obscurité
Une part de moi
Un instant fragile
Puisse sourire
Et continuer à vivre

Ma tête tourne
Mon corps ne me suit plus
J'ai des échos de ton cœur dans ma tête
Je titube dans la rue
J'ai du mal à tenir debout
Comme si j'étais sous extase
Sous extase des échos de ton cœur

Plus rien
Le néant

Un voile se trouve devant mes yeux
Et je ne vois plus rien
Autour de moi
J'avance vers un lieu
Où j'aspire te voir
Un lieu où mon cœur cognera au tien
Afin de créer un bruit sourd dans la rue
Et me faire sortir de cette torpeur
Que tu créais en moi

Un dialogue silencieux entre nous
Me tire hors de l'eau
Hors de l'hypnose
Dont j'étais prisonnière

Et mon cœur

Lui

S'arrêta de battre

J'en peux plus
De t'aimer
De battre pour toi
Ou même de vivre pour ce qu'on était
J'ai des échardes dans le cœur
Et les retirer me tueraient

Comment soigne-t-on un cœur
Pleins d'épines ?
Comment avancer ?
Quand tout
Me fait penser à toi
Qui plantait jour après jour
Ces arêtes
Au plus profond de mon être

Comment transformer des épines en fleurs
Qui s'ouvriraient doucement
Là où tu m'as blessé ?

Comment vivre… ?

Je ne sais plus…

Quelques traces sur ma peau
Ton nom gravé
À l'aide de tes lèvres
Devenue indélébiles

J'étais tienne
Puis soudainement plus rien

Je vis avec ce souvenir
De ta main sur ces traces
De tes lèvres

Un souvenir de toi
De nous
À jamais gravé sur moi

Pour qu'au moins un d'entre nous
Puisse se rappeler
De notre amour
De nos marques
À tout jamais

D'un monde…

Où…

On existait

Autour de moi cette brume
Cette vague de froid
Et un monde inconnu

J'étais prisonnière
Dans un havre
Parsemé de plumes
Prisonnière de toi
M'empêchant de partir
Plus loin que tes mains

Ton aura m'entourait
Comme une vague d'ouragan
Comme une prison d'âmes
J'espérais en sortir

Mais la clé n'existait plus

Car toi aussi

Tu n'existais plus
Dans ce monde entouré de brume

De ton odeur
Je resterai ainsi coincé
Dans ton univers

À tout jamais

Seule…

Sans toi…

Sans personne…

Cette douleur atroce
Me fait penser à toi
Elle me suit partout
Liée à moi pour l'éternité
Comme si
T'avoir aimé n'avait pas suffit
Pour détruire un semblant de mon âme
Égarée
Comme si je devais me briser
Un peu plus
À chaque pas qui t'éloignera
Encore plus de moi
À genoux
Je me mets à implorer le pardon
Le pardon de t'avoir aimé
De m'être laissé à toi
Car à présent
Cette douleur fera entièrement
Partie de qui je suis
Et qui je serai
Il n'y aura plus jamais
De moi
Sans le mal

Un souvenir de toi
C'est ce que je demandais
Après cette nuit
Ces nuits
Je n'ai plus aucun souvenir de toi
Ni de moi
Et encore moins de nous
Plus aucune pensée
Parlait de toi
L'univers nous a réunit
Le temps de quelques nuits
Pour créer ce lien d'âme
Sans échos
Et finir sa vie
En implorant quelques vestiges
De toi

Les murmures du passé

Dans ces cristaux d'hiver
Se trouvait un cœur
De braise
Tellement chaud
Qu'il en créait un souffle
Aveuglant
Pour ceux qui arrivaient
À voir la couleur des âmes
Et des cœurs brisés
Afin que chaque être
Puisse devenir un murmure
Dans le vent
Et cacher leurs quelques
Larmes de glace
Pour un lieu
Plus apaisant
Dans un royaume de lumières

J'embrasse la folie
En imaginant tes lèvres
Je me retrouve entre quatre murs
Les gens m'observent
Ils écrivent sur moi
Car
Comment de simples je t'aime
Auraient pu se transformer
En larmes
En armes
Qui pourraient blesser
Chaque être autour de moi
Me faire mal
Ou leurs en faire
À cause de toi
J'ai donc décidé
De mêler mon
Ame aux armes

Des larmes coulent sur mon âme
Mon cœur se noie
Dans cet océan de peines
Je ne vois que le fond
Je coule
Et les abysses se rapprochent de moi
Tout est doux
Et me caresse la peau
Je me sens bien
Sans air
Sans pouvoir ouvrir les yeux
Sans pouvoir vivre
Noyée de larmes
Vers un lieu
Où je serais
En paix
Une étoile engloutit

J'ai parcouru des mers
Des terres
Pour me retrouver
Près de ton cœur battant

Mais chaque pas vers toi
Effaçait la vérité
J'ai parcouru
Terres et mers
Afin de m'éloigner
De m'échapper de moi
De toi
M'être épuisé pour t'aimer
M'a rendu vulnérable
M'a fait perdre ma lumière
Et effacer ton vrai visage
Rendait ton reflet flou
A travers mes yeux

Il suffit d'un instant
Pour retrousser lieux et souvenirs
Briser ces chaines
Me reconstruire
Loin des tempêtes du passé

La couleur de souvenirs anciens
Une photo qui se décolore avec le temps
Pourtant tu gardes toute cette tendresse
De ce que nous avons été
Gravé dans le passé
Derrière toi
Tu laisses une trace éphémère
Comme si
L'idée de nous avoir aimés
Cet instant précieux
S'était dissipé dans le vent du temps
Un murmure intense
Immortalisé couleur sépia

Une cassure dans le cœur
Dans le temps
Laissant quelques fragments
De nos souvenirs s'échapper
Et pourtant
C'est à l'aide de ce voile
Si fin, si fragile
Que j'aimerais recouvrir
Chaque fissure
Crée par tes mots
Tes coups
Des marques se trouvent sur ma peau
Des empreintes à peine visibles
Comme le frisson d'un pétale froissé
Laissant ce sillage
De couleurs violacés
À jamais gravé sur moi
Je ne suis qu'une
Fêlure
Dans le temps

Faire le vide
Sous une pluie de météorites
Un ciel qui pleure
Comme si il se rappelait
De sa douce danse
Entre le soleil et la lune
Une lumière qui vibrait
Entre eux
L'univers
Jaloux de ces amants
Qui s'aiment
Par-dessus le temps
Créa une pluie d'orbites
Une ligne d'espace
Pour qu'ils ne puissent
Jamais se frôler
A nouveau
Et les étoiles filantes
Représentaient
Leurs chagrin d'amour
Un souvenir de nous
Gravé dans l'infini
Comme une promesse oublié

Une douce mélodie
Les touches du piano démolies
Je ne m'arrête plus de jouer
Chaque note, un écho
Chaque touche, ta voix
Si jolie, si lointaine
Mes doigts écorchés
Mais je continue
Encore, et encore
Je m'arrêterai seulement
Quand ta voix
Résonnera enfin dans la pièce
Guérissant l'âme
D'un rescapé

Un jour tu m'aimes
Le lendemain tu me hais
Tu me noies sous tes cadeaux
Pour tout détruire
Comme si tout t'appartenais
Dont moi
Je n'étais plus maitre de moi
Mais esclave de ce que tu voulais
Tu me parsemais de baisers
Et le temps d'une seconde
D'un « non » sortant de mes lèvres
Je me retrouvais déchirée
Mes yeux se ferment
cherchant cette force
celle qui me fera enfin partir
La lumière se rapproche
Puis…
Tes lèvres à nouveau contre les miennes
Et tout d'un coup
Cette force que j'avais trouvé
Se dissipe
Dans un tas de baisers
Me gardant à nouveau
Sous l'emprise
De ta bonté…
Trompeuse

J'ai oublié comment exister
Me lever de mon lit
Sourire
Pleurer
Tous ces instants de la vie
Sans toi, ils n'étaient plus
Je suis en boule
Dans un lit
Trop grand
Essayant de me rappeler comment faire
Comment respirer ?
Car même cela j'ai oublié
Je me retrouve nue
Face à la vie
Une apprentie dans l'univers
Que tu avais façonné de toutes pièces
Dois-je chercher un autre semeur de lumières
Ou faire de moi
Cet éveilleurs d'âmes
Que j'avais toujours cherché en toi ?

Me trouvais-tu jolie…
Dans cette robe de soie
Noyée dans mes larmes ?

Osais-tu me regarder…
Quand j'étais au sol
À t'implorer pardon
Juste après avoir fait

De mon corps
Une peinture
Fissurée, salie ?

M'aimais-tu vraiment…
Quand tu partais
Me laissant derrière toi
Sans « je t'aime » ?

Je me demande…
Qui étais-je pour toi ?
Surement pas
Ce que j'avais espéré

Une douleur dans la poitrine
Cette fissure si minime
Et pourtant si visible
Dans ce cœur aussi pur
Un peu comme si
On avait arraché les ailes d'un ange

Volé les pétales d'une fleur

Brisé une étoile de verre

C'est donc ça, t'aimer ?
Détruire tout ce qu'il y avait
De pur sur terre
De pur en moi

Et me voilà
Devenue un être destructeur
Pour qu'ils puissent

Eux aussi
Ressentir un cœur brisé
Celui d'un ange échoué

200 BPM
Un battement, une note
Et tout s'enflamme
La musique intime de l'existence
Résonne, effrénée
Sur cette route sans fin
Ma main dans la tienne
Un écho de nous

Ces lumières dansent
Saturent l'horizon
Tandis que mon cœur
Frénétique
Effleure l'explosion
Rien d'autre ne compte
Rien d'autre n'est réel
Si ce n'est cet unique désir :
Mourir doucement
Perdue à jamais
Dans tes bras

Pour toujours
Et à jamais
Je te serais dévouée
Je serais tienne
Ton prénom gravé sur mon cœur
Comme deux âmes éperdues
Auraient gravé le leur
Sur l'écorce fragile
D'un arbre mourant
Mais vibrant de souvenirs

Même si, un jour
Ton amour s'efface
Que tes regards se perdent ailleurs
Mon cœur, lui, portera à jamais
La brûlure douce de ton nom
Une empreinte indélébile
Que nul autre ne saura effacer

Minuit passé
Le sommeil nous fuyait
Et le sable tiède
Étreignait nos pas
Tes mains
Glissant sur mes épaules dénudées
Apaisaient la nuit
Nous étions cachés
Absorbés dans un murmure infini
Des mots légers comme des étoiles

Puis, doucement
Tes lèvres sucrées
Effleurèrent les miennes

Minuit passé
Le jour s'imposait
Et l'aube, jalouse
Volait ton empreinte

À mesure que le soleil montait
Tu devenais un souvenir
Un écho brûlant
D'un été

Juste une minute de plus
C'est tout ce que je demandais
Un instant suspendu
Pour chercher dans ton regard
Un éclat, une lueur
Un semblant d'étincelle
Pour nous

Juste une minute
Un battement furtif
Pour effleurer ton cœur
Une dernière fois
Et m'assurer qu'il ne restait rien
Pas même un murmure
Pas même un souffle
Qui vibrait encore pour nous

Mais les secondes
Cruelles
Filaient trop vite
Emportant avec elles
Ce qui aurait pu être

La pluie emporte nos souvenirs
Effaçant tout de nous
Faisant ruisseler
Quelques larmes
Sur mes joues
Ces quelques goutes
Se faufilent vers la mer
Y laissant dans l'océan
Un souvenir
De ce qu'on avait pu être

J'ai préféré te laisser partir
Découvrir d'autres étoiles
Une autre lumière
Car la mienne
S'effaçait
Et n'arrivait plus
À éclairer ton âme

J'ai préféré te laisser
Aller dans d'autres bras
Car les miens
N'arrivaient plus
À réchauffer
Ce qui faisait de toi
Ce semeur d'âmes

Je resterai ainsi
Une étoile éteinte
Qui veille en silence
Son ancienne lumière
Mais peut-être qu'un jour
Dans un autre ciel
Je renaîtrai en comète
Pour tracer à nouveau
Un chemin d'éclats

Je me rappelle cette fleur
Que tu m'avais offerte
Une promesse entre nous
Inaltérable dans le temps

Je l'avais gardée dans cette boîte
Berçant le rêve d'un toujours
Pour nous

Mais cette fleur
Tu lui trouvas un autre cœur
Et la mienne
Doucement
Se fana

Notre amour
Fracturé par l'éphémère
S'est brisé
À tout jamais

Des cernes sous mes yeux,
Reflet des nuits passées
À t'attendre sous la pluie

Ma chevelure
Lourde et trempée
Épouse la courbe de mes épaules

Il fait froid
Mes mains sont devenues des ombres
Engourdies par le silence

Seul l'espoir
M'offre encore un souffle
Mais quand il s'éteindra
Je ne serai plus que pluie
Une silhouette diluée
Un murmure oublié
Un souvenir évanoui
De nuits passées

Tu voyais le pire de moi
Les ombres de mon ego
Celles que tous ignoraient
Leurs paupières scellées

Et pourtant
Tu es resté
À mes côtés, près de mon âme
Ranimant une lumière éteinte
Que j'avais oubliée en moi

Mais sans le savoir
C'est ta lumière que j'aspirais
Un souffle après l'autre
Jusqu'à ton épuisement

Alors, il m'a fallu comprendre
Il m'a fallu apprendre
À rallumer en toi
Cette flamme
Que j'avais éteinte

Pour qu'on puisse

Enfin

Briller ensemble

Ce n'était pas elle
Pas elle qui devait porter
Cette robe couleur amour
Couleur nous

Ce n'était pas elle
Dont le doigt aurait dû être entouré
De cette pierre précieuse
Promesse d'un amour éternel

Je me rappelle de tes promesses
De ton regard
De nos mains liées
De ce futur gravé
Dans l'étoffe de mes rêves

C'était moi,
Moi qui devais porter
Cette robe
Cette robe couleur nous

Sans toi
Il n'y avait plus de moi
Je t'avais donné tout ce que j'étais
Partagé mes ombres, mes secrets
Et sans toi, je ne savais plus être

On me disait :
« *Apprends à vivre.* »
Mais comment ?
Je ne voulais pas

Comment réapprendre à respirer
Quand chaque souffle portait ton nom ?
Comment avancer
Quand mes pas te cherchaient dans chaque ombre ?

Car apprendre à vivre sans toi
C'était renoncer
C'était mourir à petit feu
C'était arrêter de vivre
Pour moi

Toi, mon étoile, ma lumière
Partie en emportant ma raison d'être

On s'était promis tant de choses
De rester ensemble
Pour l'éternité
De combattre l'univers à deux

Et je me retrouve
Ainsi
À combattre seule
Le monde
Les galaxies

Je navigue entre étoiles éteintes
Et constellations de souvenirs
Chaque battement d'étoile
Un rappel
De ce vide immense
Que tu laisses en moi

Et je ne m'étais
Jamais
Sentie aussi seule
Dans cet univers
Si grand
Si infini
Et moi
Si fragile

Je suis épuisée
De courir après toi
De suivre des ombres
Qui s'effacent sous mes doigts
Épuisée
De mendier des regards
Qui ne se posent plus
Sur moi

Alors que tu ne m'aimes pas
Alors que mes pas
S'égarent sur un chemin
Qui ne mène nulle part

Je perds patience
À chercher après tes mots
Ces promesses suspendues
Dans un silence trop lourd
Tu me fais tourner
En rond
Prisonnière d'un amour
Qui ne trouve plus d'horizon

Je vais juste abandonner
L'idée de continuer
À t'aimer

Et peut-être qu'un jour
Dans cet espace vide
Je retrouverai
Mon souffle
Et ma lumière

J'ai l'impression que
Mon corps me lâche,
Que mon cœur s'arrête,
Un vertige cruel
Fait chavirer ma tête.
Car tu es parti.
Tu as décidé,
Sans un regard,
De nous abandonner.
Et moi, je suis tombée,
En morceaux, en silence,
Un souffle brisé,
Une âme en errance

.Assise au bord du vide
J'attends le soleil
Mes pieds se balancent
Ma tête penche
Cherchant ton éclat dans l'horizon brisé

J'ai attendu
Encore et encore
Espérant ton retour dans chaque rayon perdu
Mais la lune
Doucement
S'est glissée à ta place

Elle a tissé un silence
Une conversation muette
Entre son éclat pâle et mon cœur fatigué
Une lueur d'espoir vacillante
A éclairé l'ombre en moi

Et alors
Le soleil a déserté mon cœur
Abandonnant ses flammes
Pour y laisser la douceur froide
De la lune

Une douleur amoureuse
Une mort romantique
Je m'étais promis
Dans tes yeux
De vivre mon dernier battement
De vivre mon dernier souffle
À tes côtés

Le jour où on se dira
Je t'aime
Pour la dernière fois
Laissant mon corps rejoindre
Les ténèbres
Alors que ton image
Restera gravée
Dans chaque ombre
De mon être

Une fin douce-amère
Un serment brisé
Mais éternel

Je n'étais qu'une ombre encombrante
Un poids que tu traînais

malgré toi
Une plaie que l'amour n'apaisait pas
Un murmure qui étouffait tes éclats.

Je voulais te garder près de moi
Même si mes bras étaient des chaînes
Même si mon amour devenait peine
Je voulais t'aimer

Quitte à te détruire

Mais à force de m'accrocher
J'ai creusé des fissures dans ton chemin
Je suis devenue ce qui te freinait
Une erreur gravée dans ton destin

Et maintenant que je te laisse partir
Je vois les épines que j'ai semées
Dans le silence de ton sourire
Je comprends ce que j'ai gâché

Une guerre d'étoiles

Une explosion de comètes
Peut-être
Le reflet de mon être
De ce que j'avais pu être

Nos cœurs se sont croisés
Comme deux galaxies perdues
Ils se sont frôlés
Puis ont sombré dans l'infini
Leurs éclats se sont éteints
Dans un souffle fragile
Où la lumière
N'a pas su nous sauver

Là où la gravité
Aurait dû tordre nos chemins
Elle n'a fait que nous éloigner
Nous briser en silence
Comme des astres trop proches
Qui s'effondrent sous leur propre poids

Et pour finir…
On a échoué
Comme des étoiles oubliées
Perdues dans le noir
Loin de ce qu'on aurait pu être
D'un monde où l'on aurait su
Se sauver ensemble

J'ai fini par haïr qui j'étais
Détester cette partie de moi
Qu'est la nostalgie
Le souvenir de toi
Mes yeux clos
Il n'y a que ces images de toi
Ces souvenirs lointains
Au bord de l'océan
Sous ces fleurs

Il s'appelait toi
Il s'appelait nous
Il s'appelait mon cœur
Il s'appelait mon amour
Il s'appelait mon âme
Il s'appelait mon futur
Il s'appelait je t'aime

Il s'appelait…

Le silence prit sa place
Les souvenirs se sont effacés

J'ai oublié…

Comment t'appeler ?

Tu n'étais qu'un souffle d'été
Un amour éphémère parmi les fleurs
Un parfum doux porté par la brise
Un écho sous les cieux d'or et d'azur
Les vagues, comme nos cœurs
Se sont entrelacées sous ce soleil radieux
Un souvenir gravé dans l'âme
Un murmure qui danse encore dans le vent
La Grèce, elle, était notre témoin
Un lieu où l'amour s'est suspendu
Où je suis devenue celle que je suis
Depuis toi, depuis nous,
Sous l'ombre des fleurs et de cette chaleur
Je ne suis plus tout à fait la même

Une rose au bord de l'eau
Reflet fragile de nos âmes
Un souvenir de nous
Gravé dans la mémoire de Venise

Un trente-et-un décembre
Sous un ciel étoilé
Les feux d'artifice éclataient
Comme une explosion de nos émotions
Illuminant la nuit
Effleurant l'éternité

La lune se mirait dans l'eau calme
Comme un témoin silencieux
De ce moment suspendu
Entre hier et toujours

Tes mains, glissant sur les miennes
Ont laissé une empreinte
Douce et indélébile
Un frisson figé dans le temps

Et cette rose, fragile messagère
Emportait nos murmures
Nos promesses à demi voix
Dans les reflets mouvants du canal

Venise nous regardait
Avec ses pierres usées par les siècles
Comme si elle savait déjà
Que ce souvenir serait

tout ce qu'il nous resterait

Un éclat de verre
Des morceaux de nous
Dispersés dans le vent
Comme des souvenirs effacés
Chaque fragment
Réfléchissant un peu de lumière
Portait une partie de notre histoire
Une promesse brisée

Chaque éclat représentait
Un instant partagé
Un rire perdu dans l'espace
Un regard, une caresse
Tous réunis en mille morceaux
Qui ne se retrouvent jamais

Le verre, brisé sous la pression du temps
Révélait notre fragilité
Nos rêves fracassés
Et dans chaque morceau
Se cachait un peu de nous
Une douleur silencieuse
Un écho de ce que nous étions

Et tout, finalement
Reste là, éparpillé
Comme un puzzle sans fin
Imparfait, incomplet
Car chaque éclat ne pourra jamais
Se retrouver tout entier

Elle sentait la rose ancienne
D'un parfum doux, presque effacé
Comme un souvenir lointain
Que l'on garde dans un coin du cœur

Ses gestes avaient la légèreté
D'un camélia, à la douce élégance
Un parfum presque perdu
Comme une promesse effleurée, puis oubliée

Le jardin autour d'elle portait
Les notes profondes du gardénia
Suave, crémeux, comme des moments
Que l'on garde sous silence, loin des yeux

Dans l'air, flottait la pureté
Du lys blanc, frais, d'une tendresse simple
Comme un matin d'autrefois,
Où tout semblait encore possible

Elle murmurait, et l'orchidée
S'épanouissait dans son parfum
Exotique, lointain
Comme une époque qu'on voudrait saisir
Encore…

Et la violette sauvage
D'un doux parfum poudré
Murmurait des secrets oubliés
Comme un amour qui ne s'est jamais éteint

Son sourire était un freesias blanc
Lumineux, pur, un éclat d'innocence
Un instant de douceur retrouvée
Dans un monde qui ne savait plus l'aimer

Enfin, son amour, tendre et discret
Parfumait l'air de pivoine rose
Subtil, secret, éternel
Comme un bouquet laissé dans le vent

Un été de plus gâché par ta faute
Une promesse de plus brisée
Effacée dans le temps
Cet été qui aurait pu être
Un doux souvenir
De nous
Fut qu'une simple rupture

Mais peut-être
Que comme chaque rupture
On se remettra ensemble
Pour à nouveau
Se briser
Un été prochain

Le sable brûlera sous nos pas
Les vagues chanteront des mots
Que l'on n'a jamais dits
Et dans cette mer calme
Je chercherai ton visage
Sans jamais le trouver

Peut-être qu'à force d'aimer
On oublie de s'aimer
Un été qui se répète
Sous un ciel qu'on oublie
Les saisons passent
Les cœurs se taisent
Et pourtant
Un été viendra

Pour briser à nouveau
Pour recommencer
Dans l'éternité de notre été passé

Une cigarette posée
Sur cette fenêtre
Des cendres éparpillées
Un fragment resté de nous
Un souvenir d'un été brûlé
Sur ce bord, les pieds volants
Deux amants
À qui la vie ne valait plus rien
Sauf quand on était deux

Moi qui fixe tes lèvres cendrées
Toi qui fixes les miennes rosées
Souvenir d'un baiser volé
Goût amer
De ta cigarette

Les heures s'éteignent dans la fumée
Chaque souffle que l'on partageait
Un nuage dissipé par le vent
Et pourtant, il reste, ici
L'odeur de nos promesses brisées
Suspendue, invisible
Comme une brume entre nos âmes
Laissé là, comme une dernière bouffée
Dans l'air lourd du matin

C'était le début de la fin
Là où nos chemins
Se croisent une dernière fois
Pour se perdre
Pour s'effacer enfin
Une route différente
Un futur sans écho
Où l'ombre de tes pas
Ne suivra plus les miens
Et dans ce vide grandissant
Un avenir
Autre que nous
Mais jamais sans toi

Grand corps malade
Malade de l'amour
Clouée au lit

Mon cœur en silence
Les heures se figent dans leur danse
Chaque souffle murmure une prière
À l'écho d'un amour laissé en arrière

Les draps me tiennent comme une étreinte
Témoins fidèles de mes plaintes
Je ferme les yeux pour fuir ce feu
Mais il brûle encore, dans mes rêves bleus

Je voulais l'éternel, le doux, l'immense
Mais l'amour m'a offert son absence
Il reste des mots, des promesses floues
Et des souvenirs qui tournent en boucle

Malgré tout

Malade de l'amour, mais pas sans espoir
Chaque blessure trace un nouveau départ
Et si je vacille

Je me relèverai
Pour retrouver la lumière que j'ai semée

Peut-être qu'un jour
Je ne serai qu'un pâle souvenir
Un écho fragile dans le vent du passé
Gardé en mémoire
Comme une plume déposée sur un livre oublié

Après tant d'années
On parlera de moi
Comme de cette amoureuse de l'amour
Celle qui rêvait d'étoiles
Dans un ciel qui s'est éteint

Une âme en détresse
Qui chantait des refrains doux-amers
Tissés de promesses et de silences
Des mots qui dansent encore
Sur les lèvres du temps
Comme un souffle sur la mer

Peut-être qu'un jour
Mon cœur sera une légende douce
L'histoire d'une flamme qui brillait trop fort
Mais qu'on n'a jamais vraiment su aimer

Sur une vague d'étoiles
Un océan d'âmes m'entoure
Je me retrouve seule
À bord de mon bateau en ruines
Dérivant doucement vers l'inconnu

Liée à ce fil rouge
Fragile mais tenace
Qui ne me lâchera plus
Car au milieu de l'immensité
J'ai trouvé mon lien d'âme
Une connexion silencieuse et éternelle

Même si je me trouve loin de toi
Séparée par des océans de temps et d'espace
Ce fil reste, discret mais fort
Et dans chaque souffle, chaque étoile
Je sais que tu es là
Au-delà des vagues, au-delà des silences

Pour toujours
Je serai reliée à toi
Dans ce voyage sans fin
Portée par l'écho de ton âme
Au cœur de cet océan d'étoiles

Un trou noir
Un abîme où la lumière s'éteint

Un point d'irrémédiable densité
Où même le temps se suspend
S'effondre, et disparaît

Un lot de plusieurs étoiles
Qui un jour ont brillé
Se sont englouties dans ce vide infini
Perdues à jamais dans l'ombre
De ce cœur cosmique

Leurs éclats s'éteignent sans bruit
Absorbés par la gravité
Qui déforme tout
Qui fait plier l'espace et le temps

Et pourtant
Dans ce vide absolu
Il reste des traces
Des souvenirs d'une lumière passée
Une lueur qui fuit
Mais qui, quelque part
Peut-être, continue de briller
Dans l'immensité de l'univers

Couleur sapin
Dans ces temps froids
Je préfère rester dans les bois
À me souvenir de nos instants passés
Le temps d'un printemps
Quand les fleurs
Encore vivantes
Dansaient sous la lumière douce

À présent
Tout repose sous une couverture de glace
Figeant nos souvenirs
Nos moments partagés
Comme des trésors endormis

Mais ce n'est qu'un passage
Un souffle du temps
Car sous cette étreinte hivernale
Nos souvenirs attendent de renaître
Un printemps futur
Prêt à éclore

Sur le bord de Venise

J'ai attendu, immobile
Les années s'étiraient
Comme les eaux calmes du lagon

Il restait là
Un reflet fragile
Un fragment de nous deux
Suspendu entre hier et jamais

Ces pétales éparpillés
Flottaient encore
Teintant l'eau de leur douceur fanée
Couleur d'un amour passé
Effleurant le temps
Comme un dernier adieu

Dans ces couloirs sombres
Seule lumière
Ton regard posé sur moi
Je me voyais courir
Briser l'ombre d'un instant
Pour me jeter dans tes bras
Valser doucement
Au rythme de ton cœur
Un battement qui résonnait
Comme un écho d'éternité

Nous étions là
Suspendus dans l'instant
Ignorant les murs
Et le poids des ombres
Tes bras, refuge
Ton souffle, une promesse
Et ce silence autour
Comme s'il respectait
Le langage secret
De deux âmes enlacées

Rien n'existait
Que ce moment fragile
Gravé dans le temps
Un éclat de lumière
Au creux de la nuit

Océan de fleurs
Royaume du cœur
La clé engloutit
Dans un abysse
De larmes
Noyée par une marée
De Lys

Chaque pétale tombant
Comme un espoir perdu
Dans les profondeurs sans retour

Le vent murmure des secrets
Porté par la brume des souvenirs
Et l'océan, infini
Emporte tout sur son passage
Ne laissant que l'ombre
D'un amour éteint
Sous les vagues de Lys
Dont la blancheur éclatante
Cache la douleur de l'oubli

Dans ses yeux
Je cherchais les tiens
Comme un miroir brisé
Où je n'apercevais que ton reflet
Égaré dans des souvenirs lointains

Sur ses lèvres
Je m'égarais
Mais j'imaginais le goût
De tes baisers
Douceur effervescente
Mélange de plaisir et de manque

Quand il me touchait
Je pensais à tes mains
Ces doigts qui m'avaient caressée
Comme une mélodie secrète
Frissons d'un amour passé

Tout
Chaque geste, chaque souffle
Me ramenait à toi

Dans ce monde où je suis prisonnière
De ton amour
De ton absence
Et du poids des souvenirs

Comme un poids sur mes épaules
Un fardeau invisible, immuable
Des chaînes autour des mains
Froides et serrées
M'empêchant d'avancer
De briser l'horizon
Qui s'étire devant moi

Je trébuche sur l'écho
De tes silences
Prisonnière d'une brume épaisse
La brume de ton aura
Cette présence qui m'oppresse
Et m'attire tout à la fois

Chaque pas que je tente
S'enroule dans tes ombres
Chaque souffle que je prends
Rappelle ton absence
Et cette lumière fragile
Que tu laisses derrière toi

Je veux fuir
Mais ton empreinte persiste
Ancrée dans ma chair
Un lien que le temps refuse d'effacer
Un amour qui entrave
Autant qu'il éclaire

Jalouse de la lune
Car elle seule
Dans sa lumière douce
Arrivait à capturer tes yeux

Moi, je restais là
Ombre discrète dans la nuit
Te cherchant
Espérant un éclat
Une lueur d'attention

Mais tu ne me regardais pas
De la même façon
D'ailleurs
Tu ne me regardais pas

Pas un regard
Pas une étincelle
Et pourtant
Je brille encore
Prisonnière de ton oubli
Jalouse de la lune
Reine de tes silences

J'accepte que tu aies arrêté
De m'aimer
Que la chaleur de tes yeux
Ne cherche plus refuge en moi

J'accepte que tu aies cessé
De me regarder
Que ton monde s'oriente ailleurs
Loin de mon ombre

Et…
J'accepte que ton cœur
Bat désormais pour une autre
Que son rire remplace mes silences
Que ses bras effacent mes absences

Car j'ai fini par comprendre
Mon destin, déjà tout tracé
Comme un chemin qui s'efface
Dans la brume de l'inévitable

Je ne lutte plus contre le vent
Je laisse l'écho de nous s'éteindre
Doucement
Car ce n'est plus ma place
Et je l'accepte enfin

J'ai fait taire ton prénom
Murmuré dans le silence de mes nuits
J'ai supprimé tes photos
Échos figés d'un passé révolu
J'ai lavé ton odeur
De mes draps, de ma peau
Comme on efface une trace fragile

Et pourtant
Il reste de toi une empreinte
Ineffaçable
Ce souvenir de nous
Assis sur le bord de mer
À rêver d'un "nous"
Tendre et fragile
Mais terriblement impossible

La nuit de notre rencontre

Le ciel brillait, éclatant de mille feux
Mais une étoile, plus que toutes les autres
Se distinguait dans la lueur douce de l'univers
Tu ne l'avais pas remarquée
Trop absorbée

Par le silence de la nuit
Mais moi, mes yeux ne pouvaient s'en détacher
Ils valsaient entre toi et elle
Toi, resplendissante dans ta beauté sans égale
Et cette étoile, solitaire, fragile
Comme une promesse suspendue dans l'infini

Et depuis…
Elle a disparu
Comme un rêve dissipé à l'aube
Elle ne se trouvait plus dans le ciel
Effacée, engloutie par l'obscurité
Juste après que tu aies quitté mon cœur
Là où ta lumière s'était éteinte
Comme une étoile filante

Emportée par le vent

C'est un lieu où
Je ne me sens plus seul,
Un refuge où les ombres se dissipent,
Un lieu où…
Je me sens enfin à la maison

Ma maison,
C'était pourtant tes bras,
Un espace où le temps s'arrêtait,
Où chaque battement de ton cœur
Faisait écho au mien

J'ai beau avoir traversé chaque terre,
Gravi des montagnes,
Traversé des océans
Dans l'espoir de retrouver
Cette chaleur,
Cet abri,
Mais il n'y avait que chez toi
Où je me sentais enfin à ma place.

Et après toi,
Il ne restait que des murs vides,
Un silence assourdissant,
Et l'obligation de me reconstruire.
J'ai dû chercher un autre chez-moi,
Un endroit où planter de nouvelles racines,
Un lieu pour apaiser
L'absence que tu as laissée,
Pour combler le vide immense
De ton départ.

Souvent,
je m'abandonnais à la douceur du sable fin,
mes mains effleurant sa chaleur,
tandis que mon esprit se laissait porter
par le murmure du vent.
Je me remémorais, avec une tendresse infinie,
les grains de sable sur ton corps,
chaque particule dessinant,
comme un artiste invisible,
une constellation fugace et secrète,
où chaque étoile portait un souvenir,
un éclat de toi,
suspendu entre l'éternité et l'instant.

Tout a un prix
et t'avoir aimé
m'a tout pris :
la lumière de ma vie
la sérénité de mon âme
un tribut que je paie encore
dans le silence des nuits
où ton absence murmure
comme une dette éternelle

Je suis resté sur ce banc
Tel une fleur qui se fane
Epuisée par les jours et les saisons
J'ai attendu
Encore et encore
Jusqu'à ce que le monde autour de moi
S'efface dans la lumière des étoiles filantes
Elles traversaient le ciel
Comme des promesses fugitives
Mais toi
Toi, tu n'es jamais revenu
Et moi
Cloué à cet instant
J'ai laissé le temps me sculpter
Me transformer en ombre
Toujours là
A t'attendre
Dans l'écho de ton absence

J'ai gardé tes mots
Comme on conserve des pétales

Dans un livre ancien
Fragiles et vibrants d'un passé

Qui murmure encore
Tes lettres reposent dans un écrin secret
Où j'ai gravé l'empreinte de tes lèvres
Pour qu'elles effleurent à jamais les miennes
Un souvenir de toi
Immortel comme une étoile figée dans la nuit
Qui ne se fanera jamais
Même sous le poids du temps

J'ai crié ton prénom
Hurlé chaque lettre
Comme un écho déchirant
Qui faisait de toi l'amour
J'ai crié jusqu'à briser ma voix
Jusqu'à effacer les contours
De la mémoire
Jusqu'à oublier pourquoi
Je t'aimais
Et pourtant, je hurlais encore
Dans l'espoir insensé
Que tu m'entendes
Quelque part entre le vent et le silence

Mes larmes portaient ta mémoire
Comme des éclats de toi
Qui refusaient de s'éteindre
Mais mes nuits
Passées sous le regard des étoiles
Effaçaient doucement chaque trace
Comme si le ciel
Cherchait à apaiser mon cœur

Je t'ai aimé au point d'en perdre le sommeil
D'oublier mes nuits
De rompre avec mon âme
Pour te suivre dans l'ombre
Mais un soir
Alors que je me liais à la lune
Mon corps bercé sur un doux nuage
J'ai osé rêver
Pour la première fois depuis une éternité
Et dans ce rêve
J'ai su, enfin
Que je cessais de t'aimer

D'une simple pause
Nous avons laissé naître une distance
Timide au début
Mais grandissante
Comme un fleuve qui sépare deux rives
Et dans ce laps de temps
L'éphémère est devenu éternité
Un adieu que nous n'avions pas voulu

La haine
L'amour
La lune
Le soleil
Toi
Un tout
Sans moi
Un vide

L'herbe trempée de mes larmes
Gardait en souvenir
Une trace de nos lèvres
De nos baisers, doux et furtifs
Comme un parfum laissé dans l'air
Fragile et éphémère
Sous les cieux silencieux
Où nos cœurs se sont effleurés

Chaque goutte, une promesse
Chaque fil d'herbe, un murmure
Sculptant ton visage dans le vent
Tissant des souvenirs qui s'effritent
Mais qui jamais ne s'éteignent
Car dans chaque pas
Il reste un peu de nous,
Éternellement gravé
Dans la terre, dans l'âme
Comme un secret murmuré à l'infini

Je te suivais
Comme une ombre fidèle
Perdant la mienne
À chaque pas que je faisais
Glissant dans ton sillage
Absorbée par ta lumière
Par l'éclat d'un chemin
Qui n'était pas le mien

Et dans cette marche sans fin
Je m'effaçais doucement
Comme une plume dans le vent
Comme un murmure oublié
Ne restait de moi
Que l'écho d'un pas
Disparu dans ton horizon

L'été me rappelait nous
Ces jours brûlants où le temps semblait s'arrêter
Où chaque rayon de soleil dessinait nos ombres
Entrelacées comme une promesse éternelle

Et l'océan, vaste et profond
Me rappelait tes larmes
Ces perles salées que tu cachais dans le vent
Mais qui laissaient toujours leur empreinte
Comme les vagues sculptent le rivage

Les fleurs, éclatantes et fragiles

Portaient ton parfum
Un mélange d'éphémère et d'inoubliable
Un souvenir qui s'accroche au cœur

Ça me manque...
Ta chevelure, un torrent d'étoiles
Dansant au rythme du vent
Comme une créature née de l'océan
Libre et indomptable
Mais perdue dans l'immensité
Hors de ma portée
Hors de ce monde

Je t'aime
Et je m'excuse
De t'avoir aimé
D'une manière trop discrète
Qui n'a pas su faire briller
La lumière dans tes yeux
Qui n'a pas su les aligner
Aux étoiles que j'imaginais pour nous

Je suis désolé
De t'aimer encore
Alors que l'écho de ton absence
Emplit chaque recoin de mon cœur
Alors que tu n'es plus là
Et que même le vent porte ton silence

Mais mes mots
Comme des fleurs fanées
Continuent à chercher
Le chemin vers toi

J'ai voulu implorer ton pardon
Te demander de m'excuser
Pour t'avoir aimé si fort
Pour t'aimer encore
Même dans l'ombre de ce qui fut
Et dans l'ombre de tout ce que je n'ai pas su être

J'ai croisé ton regard
Plein de tout ce que je ne suis pas
Un miroir qui reflétait
Les rêves que je n'ai pas su réaliser
Les promesses que je n'ai pas su tenir
Je sais, toi, tu mérites mieux
Mieux que mes erreurs
Mieux que mes faiblesses
Que mes silences et mes regrets

Je ne veux pas rentrer
Seule chez moi
Sans toi
Sans la douceur de tes gestes
Sans ton regard qui me rassure
Sans la chaleur de ta présence
Qui fait fondre mes peurs

Je ne veux pas rentrer
Dans un silence trop lourd
Sans toi
Sans cette lumière qui éclaire mes jours
Sans cette complicité qui donne un sens
À chaque instant passé près de toi

Les yeux sans visage
Ton corps sans cœur
Ton âme sans moi
Errant dans un monde froid
Où ton souffle n'effleure plus le mien

Les mains sans caresses
Tes lèvres sans parole
Ton regard sans lumière
Tant de silences
Et moi, perdu dans l'écho de ton absence

Une nuit sans étoiles
Un chemin sans destination
Voilà ce que je deviens sans toi
Un rêve brisé
Un cri étouffé dans l'obscurité

J'en ai marre de faire semblant
Semblant de ne pas t'avoir aimé
Comme si ton souffle
N'avait jamais traversé mon être
Comme si tes mains
N'avaient jamais sculpté mon cœur

J'en ai marre de prétendre
Que mon âme n'est pas liée à la tienne
Que je peux avancer sans ce fil invisible
Qui m'attire encore vers toi
Même dans l'ombre de ton absence

J'en ai marre de faire semblant
De te détester
Quand chaque battement de mon cœur
Hurle ton nom en silence
Et que même mes rêves
Refusent de te laisser partir

J'ai laissé quelques traces de moi
Au fil du temps
Comme une ombre douce
Un écho silencieux
Gravé dans ton monde

J'ai posé un baiser sur ta fleur
Un souffle d'amour sur ses pétales fragiles
Espérant qu'elle s'épanouisse encore
Même sous l'orage

J'ai posé ma main sur ton lit
Un geste timide, presque effacé
Cherchant la chaleur d'un souvenir
Le murmure d'une étreinte passée

Et j'ai laissé un bout de mon cœur
Entre tes mains
Comme un secret
Un fragment de moi
Que le temps n'a jamais repris

J'étouffais pour toi
Mes poumons noyés
Dans un océan d'anémones
Leur étreinte douce
Mais suffocante
Me rappelant à chaque instant
Que l'amour peut aussi blesser

J'ai tout fait pour toi
Brisé mes ailes pour toucher ton ciel
Eteint mes étoiles pour illuminer les tiennes
Offrant à la mer de ton silence
Chaque battement de mon cœur
Comme une offrande

Et pourtant
Je reste là
Perdu dans la marée de mes silences
Ces anémones, témoins muets
De mes espoirs noyés

Aurais-je dû garder mon souffle
Protéger mes rêves
Plutôt que de les laisser dériver
Jusqu'à toi
Pour te voir les oublier ?

Chagrin d'amour
Chaque grain d'amour
Semé dans l'immensité de la nuit
Explosait en silence
Des constellations naissaient
De l'éclat de mon cœur brisé

Les étoiles dansaient
Vestiges d'un « nous » égaré
Témoins lumineux d'un passé
Que l'ombre voulait dévorer

Les étoiles filantes
Trainées de feu et de peine
Étaient mes larmes
Elles brûlaient un instant
Avant de disparaître
Dans l'éternité du vide

J'ai pleuré
Et j'ai pleuré…
Encore et encore
Créant un océan de mes larmes

Chaque goutte
Un cri étouffé
Un morceau de mon cœur brisé
Un adieu que je n'arrive pas à dire

Goût tristesse
Goût vide
Goût…

Je t'aime encore

L'océan s'étend, sans fin ni rive
Et moi, perdue dans ses abîmes
Je m'accroche aux ombres
Ces souvenirs qui me déchirent

Tu n'es plus là
Mais je t'appelle encore
Et dans ce silence cruel
Je me noie

Ce lien qui relie nos âmes
Un deux avril
Un fil d'or tissé d'ombres
À la fois léger et indélébile
Traverse le vide, traverse le temps

Il vibre au souffle du souvenir
Un murmure que rien n'efface
Ni les jours qui s'effacent
Ni les absences qui s'allongent

Je le sens encore
Comme une brise contre ma peau
Une étreinte qui s'éloigne
Mais qui ne disparaît jamais

Ce lien est un serment muet
Une promesse gravée dans l'invisible
Entre toi et moi
Pour l'éternité

Je t'ai quitté
Et le vent s'est levé
Depuis, je dérive
Un naufragé de mes propres choix
Perdu à jamais, loin de toi

Je le regrette
Chaque instant brûle comme un écho
Chaque souvenir m'étrangle doucement
Je porte ton absence
Comme une ombre gravée dans ma peau

Je t'ai laissé
Et j'ai brisé ce qui nous tenait debout
Je me déteste
Pour t'avoir laissé partir
Pour avoir détruit ce "nous"

Et maintenant
Il ne reste que ce vide
Un abîme que rien ne comble
Un silence, infini
Qui me hurle ton nom

À notre rencontre
Je n'étais qu'un simple inconnu
À tes yeux
Un passant sans visage
Mais moi
Je t'avais vue

J'ai regardé cette fleur
Fragile et lumineuse
Fleurir dans un jardin oublié
Et quand je l'ai cueillie
Son parfum m'a enivré
Un tourbillon qui a marqué mon âme

Je voulais qu'elle vive
Qu'elle ne fane jamais
Alors, je l'ai chérie
Lui offrant le peu que j'avais
Espérant qu'elle s'enracine en moi

Mais les fleurs ne restent pas
Elles se fanent,

Et leurs pétales, emportés par le vent,
Ne laissent que leur parfum
Suspendu à la mémoire.

Fleurs offertes

À toi, maman,

Parce que ton amour a toujours été une étoile qui guide mes pas.
Ces trois "L" sur la couverture ne sont pas une erreur : ils sont une trace de toi, une lettre de plus pour souligner ta présence dans tout ce que je suis et tout ce que je fais.

Et à vous, les amoureux perdus,

Ce recueil est né de vos silences, de vos absences, et des échos laissés dans les cœurs.
Merci d'avoir inspiré ces pages et rappelé que, même brisés, nous portons en nous la beauté des instants partagés.

Ce recueil est autant le vôtre que le mien.

L'ombre des fleurs

En tournant la dernière page de ce recueil, je ressens une gratitude immense pour chaque instant qui m'a permis de coucher ces mots sur le papier. Ce voyage poétique n'est pas qu'une destination, mais un mouvement continu, une respiration.

Si ces poèmes ont éveillé en vous des émotions, des souvenirs ou des rêves, alors mon pari est réussi. La poésie n'a pas besoin d'être parfaite; elle doit simplement être sincère. Elle est là pour nous rappeler que nous sommes humains, que nos failles et nos lumières coexistent dans une harmonie précaire mais éblouissante.

Je vous remercie de m'avoir accompagné dans ce voyage et espère que, quelque part entre ces lignes, vous avez trouvé une parcelle d'éternité.

Un souvenir en fleurs

Si le désir vous prend de suspendre un instant de ce voyage, cueillez une fleur, légère et précieuse. Déposez-la doucement sur le poème qui a touché votre âme, entre les pages de ce livre, comme une caresse secrète, un souffle éphémère. Laissez le livre se fermer avec tendresse, et confiez-lui ce trésor. Les pétales se faneront, imperceptiblement, mais chaque fragment, chaque souffle de la fleur, portera l'écho du poème qui l'a envoûtée. Ainsi, la fleur, fragile et silencieuse, deviendra le gardien d'un souvenir qui ne s'efface jamais, un souvenir vivant, préservé à l'abri du temps.

Les murmures des pétales

Dans le langage silencieux des fleurs, chaque pétale murmure une histoire, chaque couleur porte une émotion. Elles sont les gardiennes de nos joies et de nos peines, témoins discrets des échos du passé. Elles dansent au gré du vent, comme si elles portaient nos souvenirs sur leurs ailes fragiles. Leur parfum, parfois doux et parfois entêtant, évoque ces instants suspendus entre rêve et réalité, entre hier et aujourd'hui. Voici celles qui, par leur essence, capturent la tristesse, la mélancolie et la nostalgie.

L'anémone : Fleur de la mélancolie, elle symbolise les espoirs fragiles et les absences douloureuses. Comme un souffle, elle nous rappelle la beauté éphémère de ce qui n'est plus. Ses pétales, semblables à des larmes perlées, semblent pleurer ce que le temps a emporté, tandis que ses couleurs subtiles peignent des nuances de solitude.

La rose blanche fanée : Symbole de chagrin et de deuil, elle porte en elle la douceur des souvenirs tendres et la poignance des adieux. Ses pétales flétris murmurent des histoires d'amour perdu, d'instants figés dans une éternité de regrets. Elle est le miroir des âmes qui pleurent en silence et trouvent dans sa beauté fanée un écho à leur peine.

Le myosotis : Aussi appelée "Ne m'oublie pas", cette fleur est le symbole de la fidélité et des souvenirs qui refusent de s'évanouir. Elle lie les âmes au-delà du temps, ses petites fleurs bleues semblant flotter comme des fragments d'étoiles dans l'immensité de la mémoire. Chaque pétale raconte une promesse, une main qui ne voulait pas lâcher l'autre.

Le bleuet : Parfois associé à la nostalgie et aux rêves innocents, il évoque les souvenirs d'un amour discret mais profond. Ses teintes délicates rappellent les cieux d'un été oublié, où l'insouciance se mêlait aux promesses murmurées. Le bleuet s'épanouit dans les champs de l'âme, rappelant les jours simples qui, en silence, façonnent notre être.

La violette : Fleur de modestie, elle parle d'amours cachés et d'émotions silencieuses, laissant une empreinte douce-amère dans le cœur. Elle pousse souvent dans l'ombre, comme ces souvenirs précieux que l'on garde jalousement, à l'abri des regards. Sa fragrance légère porte avec elle des murmures de confidences oubliées.

Chaque fleur raconte une part de nous, un fragment du passé que nous portons en silence. Elles sont les compagnes d'âmes sensibles, celles qui trouvent dans leur fragile beauté le reflet de leurs propres souvenirs. En leur présence, nous devenons les jardiniers de notre mémoire, cultivant avec tendresse les instants évanouis. Elles nous rappellent que même les blessures les plus profondes peuvent faire naître quelque chose de magnifique, une douceur inattendue au milieu du chaos. Leur fragilité est une force, un rappel que dans la tristesse, il existe une lumière discrète, une réconciliation entre ce qui est perdu et ce qui demeure en nous. Ainsi, les fleurs nous apprennent à embrasser chaque émotion comme une part essentielle de notre humanité, à cueillir dans leur langage silencieux des leçons de résilience et d'amour.

Symboles d'amours perdus

L'amour, comme une brise légère, laisse des traces profondes et secrètes dans le cœur, des symboles qui, bien qu'invisibles, perdurent bien après que la flamme se soit éteinte. Si les fleurs incarnent la beauté fragile et éphémère des sentiments, d'autres images, plus vastes et plus profondes, résonnent aussi avec cette mélancolie douce-amère, cette nostalgie infinie. Suspendus entre l'ombre et la lumière, ces symboles nous rappellent que l'amour, même une fois éteint, laisse derrière lui une lueur discrète mais éternelle, un écho que le temps ne saurait effacer.

Les horloges : L'horloge, silencieuse et implacable, est le témoin du passage du temps. Ses aiguilles, qui se meuvent lentement, mesurent l'écoulement des secondes, mais elles marquent aussi la distance entre un moment d'amour et l'absence. Bien que le temps continue son cours, certains instants demeurent suspendus, capturés dans l'âme, comme une empreinte indélébile. Chaque regard porté sur l'horloge est un retour vers ces souvenirs figés, ces moments d'intimité que l'on chérit, et qui, malgré les années, semblent encore vibrer dans le présent, comme si le temps pouvait être arrêté pour eux seuls.

Les miroirs : Le miroir, froid et silencieux, renvoie une image fugitive de ce qui a été. Il ne fait que refléter l'écho de ce qui est perdu, mais dans cette image, se cache l'essence même de l'amour disparu. Chaque reflet nous rappelle qu'il est impossible de saisir l'invisible, de ramener à la vie ce qui n'est plus. Dans les miroirs, nous voyons les visages du passé, des sourires figés, des regards échangés qui n'existent plus que dans l'ombre du souvenir. Le miroir est la fenêtre de ce monde intérieur où l'amour s'épanouissait, un monde qui nous échappe désormais, mais qui reste, dans une réverbération lointaine, aussi présent qu'au premier jour.

Les vagues : L'océan, vaste et insondable, est l'image même de l'amour. Chaque vague, qui se brise sur le rivage, est une émotion : une montée de joie, un frisson de désir, une déchirure de peine. Comme la mer, l'amour est à la fois calme et déchaîné, imprévisible, et pourtant toujours présent, dans son rythme incessant. Lorsqu'un amour se retire, il laisse derrière lui des traces sur le sable, des empreintes qui, avant de se dissiper, racontent l'histoire d'un moment, d'un souffle partagé. L'océan, avec ses marées, nous rappelle que l'amour, bien que fluide et changeant, laisse des marques profondes dans l'âme, des traces indélébiles que les vagues du temps ne sauraient effacer.

Les constellations : Les étoiles, suspendues dans l'immensité du ciel, sont les témoins silencieux des amours perdus. Elles portent en elles l'écho de nos rêves, de nos promesses murmurées à l'ombre de la nuit. Les constellations, figées dans l'espace infini, semblent décrire des histoires anciennes, des amours que le vent a emportées. Observer les étoiles, c'est regarder un passé lointain, une lumière fragile qui, bien qu'éteinte, continue de briller dans nos cœurs. Ces étoiles, comme des phares dans l'obscurité, nous rappellent qu'il y a toujours quelque chose de lumineux, même dans l'obscurité la plus profonde, que ce soit une promesse, un souvenir, ou un amour perdu mais toujours présent dans l'univers de nos pensées.

Les étoiles : Les étoiles sont des fragments de lumière qui dansent dans le ciel, mais leur éclat est à la fois froid et lointain, semblable à ces amours que l'on chérit dans le secret de l'âme. Chaque étoile abrite un souvenir, une parole, un baiser échangé sous le voile de la nuit. Elles ne répondent jamais à nos appels, mais leur lueur persistante est un murmure silencieux, une douce consolation. En observant les étoiles, on se souvient que l'amour, bien qu'éphémère, continue de briller dans l'infini, dans l'éternité de l'univers, un souvenir éternel, suspendu dans le ciel de notre cœur.

L'océan : L'océan, immense et profond, incarne la richesse de l'amour, à la fois vaste et insondable. Comme l'amour, il est à la fois calme et tumultueux, capable de déchaîner des vagues de passion et de mélancolie. Mais, tout comme la mer, l'amour laisse des traces invisibles : des empreintes qui persistent bien après que la tempête soit passée. Ses abysses cachent des secrets, des sentiments enfouis que l'on croyait oubliés, mais qui continuent de resurgir à la surface, à la moindre onde. L'océan nous enseigne que, tout comme l'amour, certaines choses ne se laissent pas apprivoiser. Elles surgissent et s'éteignent, mais laissent derrière elles une empreinte indélébile dans le cœur.

L'horizon : L'horizon, cette ligne lointaine où le ciel rencontre l'océan, symbolise la quête infinie de l'amour perdu. Il incarne ce désir d'atteindre quelque chose d'inaccessible, une ligne de fuite que l'on poursuit sans jamais pouvoir l'atteindre. Comme l'amour, l'horizon semble toujours se dérober au fur et à mesure que l'on s'en approche. Mais cet horizon, cet amour lointain, nous pousse à avancer, à rêver, à espérer, malgré l'impossibilité d'atteindre ce que l'on cherche. C'est dans cette quête éternelle que réside la beauté de l'amour perdu : une recherche sans fin, un voyage intérieur où, même si l'on n'arrive jamais à toucher l'inaccessible, la beauté de la quête elle-même est une forme de vérité.

Ces symboles — horloges, miroirs, vagues, étoiles et océan — sont les témoins silencieux de l'amour qui ne disparaît jamais totalement, mais se transforme en quelque chose de plus subtil, d'invisible. Ils ne sont pas simplement des souvenirs : ils sont des échos persistants, des murmures d'un passé que le temps n'a pas effacé. Ces symboles nous rappellent que, même lorsque l'amour semble s'éteindre, il laisse en nous une empreinte profonde, une lueur qui ne se fane pas. Dans chaque réflexion d'un miroir, dans chaque regard vers le ciel nocturne, dans chaque bruit de la mer ou dans chaque mouvement du vent, il y a cette lumière qui persiste. C'est l'amour sous une autre forme : une lumière douce, éparse, qui brille dans l'obscurité de nos âmes. L'amour perdu devient alors un phare, une étoile lointaine qui, bien que hors de portée, éclaire encore notre chemin. Même si l'on ne peut le retrouver, cette lumière reste dans nos cœurs, précieuse, insaisissable, mais toujours présente, dans l'éternité des cieux et des océans, dans le silence des vagues et le souffle du vent. Chaque symbole est une invitation à contempler ce qui ne se voit plus, mais qui existe toujours, à chercher l'amour dans les interstices du temps et de la mémoire, là où il vit encore, sous forme de souvenir, de signe, de présence invisible mais indélébile.

Échos éternels

L'amour, qu'il soit gravé dans les cœurs ou dispersé dans le vent, est une force qui traverse les âges et les âmes. Chaque symbole, chaque mot, chaque fleur fanée porte en lui une parcelle de cette lumière qui ne s'éteint jamais. Il est à la fois souvenir et promesse, absence et présence, douleur et beauté. Ce livre est une invitation à contempler l'amour dans toutes ses formes, dans ses éclats de joie comme dans ses silences. Il est une main tendue vers ces instants suspendus, ces murmures d'étoiles et de vagues qui résonnent en nous bien après qu'ils se soient tus. Et si l'amour semble parfois nous échapper, il se révèle dans les détails — une phrase chuchotée, une étoile qui scintille, une fleur séchée entre ces pages. C'est dans ces gestes simples et ces symboles discrets que l'on comprend que l'amour, bien qu'il change d'apparence, ne disparaît jamais vraiment. Puissent ces mots, ces symboles et ces projets vous accompagner, vous inspirer et, peut-être, illuminer votre propre quête de souvenirs, d'émotions et d'amour. Car l'amour, qu'il soit un rêve ou une réminiscence, demeure toujours en nous, vibrant et éternel.

Le jardin des mots

Citation	7
Introduction au souvenir	9
Poèmes	11
Fleurs séchées	*11*
Amants égarés	*12*
Quelques larmes	*13*
Fragment de moi	*14*
Le temps d'une vie	*15*
Echos de ton cœur	*16*
Comment vivre…?	*17*
Un souvenir de toi	*18*
Prisonnière	*19*
Pardonne moi	*20*
Les murmures du passé	*21*
Royaume de lumières	*22*
Ame aux armes	*23*
Une étoile engloutit	*24*
Tempêtes du passé	*25*
Couleur sépia	*26*
Dans le temps	*27*
Promesse oubliée	*28*
La mélodie de ton cœur	*29*
Sous l'emprise de ta bonté trompeuse	*30*
Eveilleurs d'âmes	*31*
Qui suis-je pour toi ?	*32*
Ange échoué	*33*
200 BPM	*34*

Souvenir d'été..*35*
Brûlure de ton nom *36*
Une minute de plus..*37*
Un souvenir dans l'océan..*38*
Etoile éteinte...*39*
Amour éphémère *40*
Sous la pluie..*41*
Briller ensemble..*42*
Cela devait être moi..*43*
Apprends à vivre *44*
Seule face au monde *45*
J'abandonne...*46*
Une âme en errance...*47*
Place à la lune *48*
Serment éternel..*49*
Une ombre derrière toi..*50*
Etoiles oubliées *51*
Sous ces fleurs..*52*
Il s'appelait…...*53*
D'or et D'azur..*54*
Une rose à Venise *55*
Fragment de nous..*56*
Fleurs de toi...*57*
....*58*
Eté passé *59*
Gout amêr..*60*
L'ombre de tes pas...*61*
Malade de l'amour...*62*
Peut-être qu'un jour..*63*
Ce fil rouge *64*
Dans ce vide absolu...*65*

Couleur sapin *66*
Dernier adieu *67*
Dans l'obscurité *68*
Larmes de Lys *69*
Il n'est pas toi *70*
L'écho de ton silence *71*
Jalouse de la lune *72*
Je l'ai accepté *73*
Inéffacable *74*
Cette nuit là *75*
Chez moi, dans tes bras *76*
Le murmure du vent *77*
Tout a un prix *78*
L'écho de ton absence *79*
Souvenir immortel *80*
Brisé ma voix *81*
Mes larmes, toi *82*
J'ai enfin rêvé *83*
Un fleuve entre nous *84*
Des mots, nous *85*
De la terre à l'âme *86*
Dans tes pas *87*
Une promesse éternelle *88*
Je t'aime *89*
Je t'ai aimé si fort *90*
Sans toi *91*
Les yeux sans visage *92*
J'en ai marre *93*
Quelques traces de moi *94*
J'étouffais pour toi *95*
Chagrin d'amour *96*
J'ai pleuré *97*

Un deux Avril *98*
Un silence sans nous *99*
Je t'ai vu *100*

Fleurs offertes 101

L'ombre des fleurs 103

Un souvenir en fleurs 105

Les murmures des pétales 107
.... 108
.... 109

Symboles d'amours perdus 111
.... 112
.... 113
.... 114
.... 115

Échos éternels 117

Le jardin des mots 119
.... 120
.... 121
.... 122